मकुआ

बिटुपन दास

उन सभी अधूरे लेखकों के नाम

जो लिखने का रास्ता खोज रहे हैं।

कवि के बारे में दो शब्द

बिटुपन दास मूलतः जन्म से असमिया हैं, जिनका जन्म जोरहाट, असम में हुआ था। उन्होंने मैकेनिकल इंजीनियरिंग में अपनी शिक्षा एनआईटी सिलचर से प्राप्त की। बचपन से ही उन्हें हिंदी भाषा के प्रति गहरा लगाव रहा है। वे हिंदी के अलावा अंग्रेज़ी और असमिया भाषाओं में भी अपनी लेखनी का प्रदर्शन करते हैं। उनकी कुछ प्रमुख पुस्तकों के नाम हैं — "'सुन ले कोई मेरी क़लम की पुकार'", "वो दिल भी क्या दिल है", "ख़ून की स्याही का हर एक क़तरा भी काफ़ी नहीं,तुम्हें लिख पाने में", "गुल-ए-इश्क़", "The Dead Poet, And His Lost Poetry" और "No One Killed The Mocking Bird"।

वर्तमान में वे अंग्रेज़ी भाषा में दो उपन्यासों पर कार्य कर रहे हैं। भविष्य में उनका सपना एक सफल लेखक और फिल्म निर्माता बनने का है।

वर्ष 2018 में उन्हें "स्पिलवइर्स प्रेस अवाइर्स" से सम्मानित किया गया था।

आप उनसे यहाँ संपर्क कर सकते हैं:

Instagram: Writerseden

Email ID: bitupondas123@gmail.com

किताब के बारे में:

मकुआ एक असमिया शब्द है, जिसका अर्थ होता है 'अधपका' या 'अधूरा'। यह किताब मैंने अपने कॉलेज के दिनों में लिखी थी। इसमें छोटे-छोटे उद्धरण और शायरी शामिल हैं। मैं इस किताब को पढ़ने की सख़्त सिफ़ारिश नहीं करता। लेकिन अगर आप एक नया कवि हैं और प्रेरणा पाना चाहते हैं, तो मैं इस किताब को ज़रूर पढ़ने की सलाह देता हूँ।

तुम एक सागर की तरह हो,

जिसे तैर के पार नहीं किया जा सकता।

लहरों में कहीं खो ही जाना पड़ता है,

और उसी में ही सुकून है।

तेरी जुल्फों की वादियों में

थोड़ा टहलने तो दो।

तेरे होठों की नरमी को

चूमने तो दो।

तेरे बदन की गर्मी से

ये रात थोड़ा बहकने तो दो,

वरना क्या पता

ये रातें हसीन

फिर हों ना हों।

एहसास अल्फ़ाज़ों में

भरते हैं कई शायर।

फ़िज़ाएं महकने लगती हैं,

फूल खिलने लगते हैं,

भँवरे गुनगुनाने लगते हैं।

पर ये काग़ज़ के फूल

एहसास अल्फ़ाज़ों से खिलते कहाँ हैं,

भँवरे बावरे

बेकार ही गुनगुनाने लगते हैं।

कौन कहता है

सूरज सिर्फ शाम को ढलता है?

तेरी जुल्फों की छांव में

सुबह भी तो ढल जाती है।

ये फ़िज़ाएं यूँ ही महका नहीं करतीं,

ये बारिश ख़्वाबों में यूँ ही बरसा नहीं करती।

आख़िर कुछ तो बात है,

वरना पल भर में

मौसम बदला नहीं करते।

ये होंठ तेरे, बोले नहीं कभी

आँखों की ज़ुबां

फिर भी महकता ये पवन

होंठ तेरे चूमने के लिए

तेरी ज़ुल्फ़ों से कोई

शरारत किया करते हैं

मेरे अश्कों के होठों पे

तुम्हारी यादों की प्यास रेगिस्तान सी है

ख्वाहिशों की आग दिल में इतनी कि

ये नमी भी कुछ कमी सी है

ख्वाबों में मिलते हो मेरे

इन लकीरों में हो कहाँ

साँसों में जीते हो मेरे

ज़िन्दगी में हो कहाँ

कुछ तो बात है इस दिल में

वरना बेवजह ही रंग भरा नहीं करती ज़िंदगी में

इश्क़ में सिर्फ आगे तक चलना है

पीछे एक गहरी खाई

कूदना है

या इश्क़ में फना होना है

होठों की बात

अक्सर दिल से आती नहीं

और दिल की बात अक्सर कभी

होठों तक पहुँचती नहीं

कुछ गुमसुम सी हैं मेरी ज़िंदगी

दिल की आवाज़ तुम बन जाना

कुछ ख़ाली सी हैं मेरी ज़िंदगी

यादों की भीड़ तुम लगा जाना

उसको पाने के लिए मैंने क्या कुछ नहीं किया

खुद को खोने के लिए भी मैंने

कम मेहनत नहीं की

दिल की बात अब होठों तक

आने न दो

धड़कन को अब थोड़ा ऐसे ही

धड़कते रहने दो

क्या पता इस ख़ामोशी से बेहतर

ये शब्द अच्छा हो या ना हो

कुछ बोझ सी है ये ज़िंदगी

हल्की-फुल्की तेरी इस हंसी से लगता है

मोहब्बत हमें उनसे हुई

जिन्हें फुर्सत ही नहीं

मोहब्बत से

मोहब्बत के सिवा

दिल को धड़कने दो

ज़िंदा हो तो

ख़ुद को ज़िंदा रहने दो

शायरी तो आपकी दो आँखें बोला करती हैं

कोमल ये दो होंठ लिखा करते हैं

हम यूँ ही बदनाम हैं

पत्ते पत्ते जानते हैं

बारिश में भीगने का तरीका

गीली आँख बारिश में

सूख भी जाए तो क्या हुआ

ग़म तो पास रहते हुए भी

दूर होने का है

दूर होकर भी

पास रहने का कहां

कितने दिन गुजर गए

दिल की खिड़की खोले,

आसमान से नजरें मिलाए।

ये चाँद तो आते ही नहीं,

कहीं रुकते-रुकते

बाग़ में गुलों की तरह

ये रातें भी मुरझा न जाएं।

तुम बिन हर पल एक लंबी सर्द रात है

क्या कहें अब ये कौन सी नई बात है

हमने तो बस मस्त चलना सीखा था

बे-वजह दौड़ना तो दुनिया ने सिखाया है

लो आज फिर मेरा दिल धड़क रहा है

आज फिर नींद उड़नी है

आग जलती है

मगर रोशनी भी देती है

चलते चलते क्यों

बार बार भटक जाता हूँ

इसी तरह क्या मैं

बार-बार

खुद को ढूंढ लेता हूँ

आसान है हारने से पहले हार जाना

कभी जीतने से पहले हार के तो देख

मकुआ /32

किसने कहा ज़िंदगी एक समंदर है तो

समंदर पार करना ही पड़ेगा

लहरों के साथ लड़ के भी

ज़िंदगी ये कहलाएगी

किसने कहा समंदर पार करना ही पड़ेगा

वक्त कैसा ये तू बेवफा है

रुकने को कहूं

तो गुजर जाता है

गुजरने को कहूं

तो रुक जाता है

जहाँ उम्मीद खत्म होती है

वहाँ नई उम्मीद का जन्म होता है

आगे चलने की कोशिश में ही

कितना पीछे रह गए हैं हम

कुछ पाने की कोशिश में ही

कितना कुछ खो गए हैं हम

जैसे रेत है फिसले उंगलियों से

वक्त ऐसे ही फिसलते हैं

परेशानियों से परेशान हो के

कब तक जिओगे

ये ज़िंदगी है जनाब

इससे कब तक भागोगे

तू चाँद थी मेरी

तेरे साथ

समंदर इस ज़िंदगी से

लहरें सब ले गईं

हर कदम पे विश्वास रखना

मंज़िल पे नहीं, सफर पे ध्यान रखना

मंज़िल तो मिलेगी ही एक दिन

दिल को बस संभाल के रखना

आओ ख़ामोशी से भरा एक ख़त लिखते हैं

आज कई दिनों के बाद

इन आँखों से

पता क्या, पुराना वो दिल आज भी है

पता क्या, पुराना वो दिल आज भी है

आज कई दिनों के बाद

ख़ामोशी ने जवाब दिया

जिस सफर के मुसाफिर हम नहीं

उस सफर से खुद को अलग किया

मैं इतना बिखर चुका हूँ

कि कोई मुझे समेट ले

अच्छा नहीं लगता

अब तो बिखरा हुआ ही

अच्छा लगता है

सफ़र के बीच में

शुरू से शुरू कहाँ होता है

अंत तो तब बदलता है

जब आख़िरी दम तक हिम्मत न हारें

आज फिर आसमान में बादल गरजा

आज फिर मेरी आँख नम है

तुम्हारी याद हर पल साथ लेकर चलता हूँ

क्या मैं जीने का बहाना ढूंढता हूँ

मकुआ /45

कभी कभी घर खाली हो जाता है

मकान बनते बनते

घर में कोई नहीं रहता

ख़ुद भी नहीं

पत्ते-पत्ते ने सिखाया

बारिश में भीगने का तरीका

मगर हमें तो ज़मीन की तरह भीगना ही आया

उनकी याद में

मिट्टी की खुशबू ही पसंद आयी

आसमान हो

पानी हो

या मिट्टी हो

हर जगह इंसान लकीरें खींचते हैं

जरा करीब से देखो

ये लकीरें दिल में तो नहीं हैं

हमें मंजिल तक पहुँचना है

चाहे भटकते ही सही

हमें सबसे ऊँची पर्वत को जीतना है

चाहे गिरकर ही सही

हमें इस ज़िंदगी को जीना है

चाहे कई बार मरकर ही सही

आँखें बंद कर लो

सब कुछ दिखाई देगा

आँखें खोलोगे तो

सब धोखा ही मिलेगा

बच्चे थे हम

सच्चे थे

बड़े हुए तो

दिल का कारोबार लग गया

झूठ को सच के पर्दें में लिखा जाता है

मगर फिर भी सच पर्दें में ही छुपा रहता है

चलना

आसान नहीं

कदम जो खुद के हों

वो भी नहीं आसान, जो दूसरों के हों

एक में ज़िंदगी की ज़िद है

और एक में मरके जीने की कोशिश

जिंदा रहना तो हमने मौत से सीखा है

वरना जिंदगी में इतनी फुर्सत कहां है

कुछ सीखने के लिए

चलना नहीं, ठहरना जरूरी होता है

सूरज तू बादलों से तो छुप जाओगे

मगर अंदर की आग को कैसे छुपाओगे

होठों पे प्यास जैसे सदियों से है

रेगिस्तान में मानो किसी बंजारें को सागर की तलाश है

आज मैंने बिना पंख के पंछियों को उड़ते हुए देखा

फिर मुझे ख्याल आया

कुछ पंछी पंख होते हुए भी उड़ते क्यों नहीं

हर कोई प्यार में घायल है

नफरत आज फिर हैरान है

एक ख्वाब सी हो तुम मेरे

दिल में आग सी हो तुम मेरे

चाँद पे दाग सी हो तुम मेरे

बिन तारों के आकाश सी हो तुम मेरे

मुझमें हो जो तुम

जैसे ग़म की आदत हो तुम मेरे

सुबह-शाम गूंजे ये राग

जैसे आँखों में बारिश हो तुम मेरे

तुम्हारी आँखों में जो राहत है

हर एक सुख-दुःख से बड़ी

मेरी ज़िंदगी में जैसे एक सुकून सी आहट है

जिसने जख्म दिया

उसी के लिए ही ये दिल धड़कता क्यों है

मरके भी उस के ग़म में

उसी के लिए ये दिल ज़िंदा क्यों है

ये ज़िंदगी इन हवाओं की तरह है

इसलिए हवाओं की तरह मस्त उड़ना सीखो

किसी को लेकर चलना है

किसी को छोड़ के जाना है

बस हवाओं की तरह मस्त उड़ना सीखो

वफ़ा से हमें वफ़ा न मिली

मगर बेवफ़ा मुझे वफ़ा करना सिखा गई

खुद से

इतना अकेला कभी न था मैं

जब ग़म ने भी साथ छोड़ दिया

तब एहसास हुआ

सब को जल्दी है

चलने की

थोड़ा कभी रुक के भी देखा करो

क्या पता जो ढूंढ रहे हो

वो अभी यहाँ पे ही मिल जाए

क्या पता जो ढूंढ रहे हो

दिल की गुफ़्तगू

दिल से ही होने दो

होठों की जुबां

होठों को ही बोलने दो

जब भी दिल दुखा,

दिल को तसल्ली हुई कि तुम मेरे हो,

क्योंकि दिल अपने ही दुखाते हैं।

जिंदा हो तो ज़िंदगी का बोझ लेकर मत जीना,

मरना है तो मौत के साथ ही मत मर जाना।

आसमान में उड़ने वाले परिंदों से पूछो,

ज़मीन क्या होती है।

सपने तो टूटते ही हैं,

बस हमें सपना फिर से देखना आना चाहिए।

मकुआ /71

दिल धड़कता है क्यों,

ग़म भी आजकल महकते हैं क्यों।

ग़म की धूप में चल के तू,

पांव जरा संभाल लेना।

बादलों से टकराके तू,

घर ज़रा संभाल लेना।

आसमान पे उड़ने का बोझ है इतना,

कि ज़मीन पे रह के भी ज़मीन हासिल न हुई।

सागर की गहराई तभी मापी जाती है,

जब कोई डूब जाए।

वैसे, उसकी पहचान तो

उसकी लहरें होती हैं।

वो जाते-जाते मुझे

कुछ यादें दे गईं।

वो सब कुछ पाकर भी मगर,

सब कुछ खो गईं।

उसके लिए मैं उजाले में रोशनी की तरह,

और मेरे लिए वो अँधेरे में दीपक की तरह।

आज ख़ामोशियों से एक वादा किया,

ख़ुद से ख़ुद की मुलाक़ात हो,

ख़ुद से ख़ुद की गुफ़्तगू हो।

वादा ये रहा, पहला हमसफ़र ख़ुद ही हो।

पंछी ने पंख खोले हैं जो,

हवाओं को भी बहकने दो,

साँसों को भी महकने दो।

चल मेरे संग,

उड़ चल कहीं तू,

दिल मुस्कुराए जहाँ,

घर वही हो।

पंछी ने पंख खोले हैं जो,

उड़ान तुम भरने दो।

पंछी ने पंख खोले हैं जो,

साँसों को भी महकने दो।

हम लोग

दुनिया के लिए जीते हैं,

ख़ुद के लिए नहीं।

हम लोग

सिर्फ़ ख़ुद के लिए जीते हैं,

दुनिया के लिए नहीं।

कुछ पाने की चाह में ही हाय,

मैंने कितना कुछ खो दिया।

सिर्फ चलने की चाह में ही हाय,

कैसे एक जगह पर ही रह गया?

ये जीवन ही संघर्ष है

यहाँ कभी जीत है तो कभी हार है

हार से बरबाद नहीं

जीतने की लोग जीत से बरबाद हैं

आँखें ये सदा एक जैसी नहीं रहतीं।

आँखों से एक नज़ारा आज,

कल को और एक नज़ारा दिखाई देता है।

ये गहराइयाँ हैं

जो वक़्त के साथ बदलती रहती हैं।

यह दुनिया है जनाब,

यहाँ सबकी अदाकारी चलती है।

जो जितना अदाकार है,

वो उतना अच्छा इंसान।

मगर मुझे अदाकारी नहीं आई।

दुनिया को न प्यार से मतलब है,

दुनिया को न नफरत से मतलब है,

दुनिया को तो बस सिर्फ

अपने मतलब से मतलब है।

जीवन क्या है,

चलते चले जाना है।

लाख बढ़ाएँ आएं मगर,

उन बढ़ावों में भी,

हमें उम्मीद ढूंढ लेनी है।

यह ऐसी ही दुनिया है, जनाब

यहां सच बोलने से

लोग मुंह फिर लेते हैं

और झूठ बोलने से

लोग गले लगा लेते हैं

मेरी क़लम काहे

डरे मेरे लफ़्ज़ों से,

चांद को बुनने

ख़्वाबों में मेरे।

मेरी क़लम काहे

डरे मेरे लफ़्ज़ों से।

ग़म क्यों भारी है,

खुशी क्यों हल्की है?

खुशी उड़ जाती है,

ग़म रह जाते हैं।

ग़म तुम्हें कुछ न कुछ

हमेशा के लिए दे जाते हैं,

खुशी तुम्हें ही साथ ले जाती है।

गिर के चलना होता है

जो हौसला ना हारे

अंत तक

जीत का गुलदस्ता उसी का होता है

जीत का गुलदस्ता उसी का होता है

शाम तन्हा है, तन्हा ही रहेगी,

आ बिटुपन, कुछ लफ़्ज़ों का जादू कर,

दुनिया के दिल बहलाना है,

ख़ुद का भी दिल बहल जाएगा।

तेरी हंसी जैसे हारी हुई बाज़ी में जीत की चाबी,

तेरी बाँहों में है सारी दुनिया की खुशी।

तू मेरे दिल में फैली गुल की खुशबू जैसी,

गुल का घर है गुलशन, गुलदस्ते में न रखूँ तुझे मैं कभी।

ना जाने किताबों के पन्नों में तेरी खुशबू ज़्यादा महक रही है,

क्या ये इसलिए है क्योंकि ढलता हुआ सूरज भी सबको खूबसूरत लगता है?

हर कहानी में

मंजिल मुकम्मल नहीं होती

कहानी वो भी होती है

जो कभी लिखी नहीं गई होगी

मेरी साँसों को

रोक लो

जिंदा हूँ मैं

दिल की बातों को

दबा दो

सुनता हूँ मैं

मैं मशरूफ रहा ज़िंदगी में,

ज़िंदगी भी मशरूफ रही,

मुझे भुलाने में।

ज़िन्दगी भी अजीब सी दोस्त है,

कभी कभी,

जब पकड़ना चाहूं हाथ छोड़ देती है,

जब छोड़ना न चाहूं हाथ पकड़ लेती है।

किताबें सिर्फ कागज़ के पन्ने नहीं होतीं,

कल्पना की स्याही से लिखी ये दुनिया है।

मकुआ /97

मुसाफिर हैं हम

मुसाफिर ही रहेंगे

मुझे ख्वाबों की दुनिया में जीने दो

ताकि ये दुनिया जी सके इन ख्वाबों में

खो दिया इतना कि ज़िंदगी में

कुछ मिले भी तो

लगता है मेरा नहीं है।

वक्त गुजरता नहीं, सिर्फ गुजारने से,

वक्त रुकता भी नहीं, मुट्ठी भरके रखने से।

फिरसे उड़ने लगा हूँ मैं

चाहे पंख काट दो

हौसला कैसे काट पाओगे

चाहे मुझे जला दो

फीनिक्स की तरह ज़िंदा हूँगा मैं

फिरसे उड़ने से कैसे रोकोगे

उड़ना तो पक्षियों की फितरत होती है,

मगर रहना तो पैरों को साख़ों पे ही होता है।

"संघर्ष का पल छोटा हो तो अच्छा,

मगर लंबा हो तो और भी अच्छा।"

बिन बारिश के भीगना सीखो,

हर मौसम खुश रहना सीखो,

वरना यहां खुश कौन है।

बे-रहम इस दुनिया से लड़ना नहीं,

प्यार देना है,

नफ़रत के अंधेरों को मिटाने के लिए,

दिल में प्यार की लौ जलानी है।

ग़म भी तो खुशियों का एक प्याला ही है,

जिसके पास कुछ नहीं होता,

उनका प्याला भी तो खाली ही होता है।

दुनिया के शोर में खो जाऊं तो,

दुनिया मुझे क्या ढूंढ़ने आएगी।

मेरे अंदर के शोर को क्या दुनिया सुन पाएगी,

खुद की आवाज़ को खुद को ही सुनना होता है।

क्या ये बात इंसान कभी समझ पाएगा?

फ़ज़ीलत का मुखौटा अच्छा है,

खुल भी जाए तो,

और एक लगाने का इरादा अच्छा है।

झूठी इस दुनिया में,

हर एक चेहरा झूठा है,

फिर क्यों न मैं रख लूं,

होठों पे हंसी ये मेरी,

झूठी।

खुशियों का खिलौना मेरे आंगन में था,

मुझे तो ग़म का ख़ज़ाना ही पसंद आया।

ज़िंदगी में पैसों का वजन इतना बढ़ने न देना,

कि ज़िंदगी में दिल का एहसास हल्का पड़ जाए।

यारों के संग की गई बातें

वक़्त के कफ़न में दब गईं।

वक़्त क्या-क्या छीन नहीं लेता,

तुम खुद को छीनने देना नहीं।

इस पल को मैं क्या नाम दूँ

गुमनाम इस संसार की रीति को

क्या मैं एक सवाल दूँ

मैंने जिंदगी को कंधे पे ले लिया,

मगर उसके ऊपर उठ के आकाश में घूमना था।

हँसते हुए हर एक चेहरे का दिल सच्चा नहीं होता

हर इंसान को न भाने वाला चेहरा दिल का बुरा भी नहीं होता

इंसानों में राम को ढूँढने वालों, ये जान लो

साधु के भेष में रावण भी तो था।

एक वक्त था जब

सारी दुनिया अपनी लगती थी।

अब तो अपनों से भी

डर लगता है।

लगता है तेरे बिना बहुत थक गया हूँ

तुम्हारी गोद में सिर रख के सोना है

नींद को नींद से जगाना है

तुम्हारी गोद में सिर रख के सोना है

सूरज से लड़ना तो है मगर

चाँद को जी भर के देखना है

तारों की तमन्ना तो है मगर

चाँद को जी भर के देखना है

रात को तुम्हें ही लेकर सोता हूँ,

सुबह भी तुम्हें ही लेकर जागता हूँ।

दिन में भी तुम्हें ही साथ लेकर चलता हूँ,

न जाने फिर भी क्यों तुम्हें हर पल खोजता हूँ।

साथ इतनी भी ना तुम चला करो,

हर पल, हर रोज़, हर जगह भी ना तुम दिखा करो।

इस दुनिया से मुझे इतना भी ना मिटाया करो,

अपनी हँसी से इतना भी दिल ना जलाया करो।

यादों में इतना भी ना तुम सताया करो,

ये धड़कन तेज़ इतनी भी ना किया करो।

रातों से नींद इतनी भी ना चुराया करो।

ये ग़म का साया,

अब है मेरी काया।

रूह से माँगूं दुआ,

भर जा मेरे सुकून का उजाला।

ये ग़म का साया,

अब है मेरी काया।

इसे पहन के अब कितना मैं चलूँ,

ये रात मैं कैसे काटूँ?

जैसे ज़रूरतें बेंच देती हैं पैशन को,

वैसे ही लोग बेंच देते हैं मोहब्बत को।

दो बूँद आँसू तेरे ग़म में,

स्याही से क्या रंग सजा।

हर महफ़िल में,

तुझसे ये राब्ता।

रेगिस्तान जैसी इस ज़िंदगी में,

नखलिस्तान की ओर का रास्ता,

ये हँसी ही तो है।

कुछ अनकही सी बातें दबी हैं दिल में,

कुछ ठहरी सी तन्हा सर्द रातें हैं हर पल में।

खुदी को हम क्यों ढूंढे दुनिया के आईने में,

तुम्हें क्यों मिले हम सूरज की लालिमा में,

चाँद की चाँदनी में,

नज़रों के हर कोने में,

तुम्हें क्यों मिले हम खुदी में।

दो दिल कहीं दूर खड़े हैं,

राहें जुदा हैं मगर,

साँसें जुड़ी हैं।

मंज़िल क्या है,

बस हमें चलना है।

दो दिल कहीं दूर खड़े हैं,

मगर साँसें जुड़ी हैं।

मुझे तुम्हारी नाक बहुत पसंद है,

नाक से याद आया, मुझे पसंद किया नहीं है,

नाक में हरदम गुस्सा,

अब तो वो भी पसंद है।

याद है तुम्हें वो सब बातें जो मैंने तुमसे कभी कहीं ही नहीं

वैसे याद भी क्यों रखोगी, तुम वो सब बातें

जो तुमने दिल से कभी सुनी ही नहीं।

मैं कभी कभी सोचा करता हूँ

अगर हम साथ होते तो

हमारे बच्चे कैसे होते

नाक तुम्हारी तरह

होंठ तुम्हारे

हाइट तुम्हारी तरह

और गुस्सा भी बिल्कुल तुम्हारी तरह

और मेरी तरह कुछ

चाहिए भी क्यों

बच्चों में भी सिर्फ तुम ही चाहिए मुझे

ग़म तो कुछ भी न होने का नहीं होता है

ग़म तो सब कुछ होते हुए भी कुछ न होने का होता है

सब कुछ पाने की कोशिश में

अक्सर लोग सब कुछ खो देते हैं

जो बरबाद ही नहीं

वो आबाद कैसे हो सकता है

शायरी का दर्द तो सिर्फ

शायर समझता है

बाकी लोगों का तो बस

दिल बहलता है

ज़िंदगी के आंगन में

दर्द के हैं कितने सारे फूल

यह खुशबू है तो ज़िंदा हो तुम

वरना मौत के गोद में हो तुम

जीत-हार तो ज़िंदगी का एक हिस्सा हैं

हर हार

जीत की ओर का एक रास्ता हैं

दो बूंद स्याही से मिल जाए तो

हर जीत लोगों के जुबान पर एक किस्सा हैं

कभी मेरे घर आओ तुम

यह घर तुम्हें अपना लगेगा

कभी मेरी गलियों से गुज़रो तुम

यह गली कुछ जानी पहचानी लगेगी

तूफ़ानी रातों में तुम्हें

यह घर पनाह देगा

कभी मेरे घर आया करो तुम

तुम बिन

बिन पानी के

मछली हूँ मैं

बिन रास्तों के

राही हूँ मैं

बिन सागर के

दरिया हूँ मैं

और तुम बिन

मेरे अल्फाज़ों में

बेआवाज़ हूँ मैं

इश्क का कुआँ इतना गहरा होगा,

पहले कभी ना सोचा था।

बस बारिश की कमी थी,

अब तो तैरना भी भूल गया हूँ।

फिर से आज किसी शायर का दिल जलना है।

ठंडी रात में

शायरी की कंबल ओढ़ के सोना है।

आज फिर से किसी शायर का दिल जलना है।

आसमान में इन तारों में किसी को खोजना है,

यादों के सफर में सूरज से मिलना है।

आज फिर किसी शायर का दिल जलना है।

दिल की ये अजीब मजबूरी है
इसे बस धड़कना आता है

www.ingramcontent.com/pod-product-compliance
Lightning Source LLC
Chambersburg PA
CBHW020343180726
47991CB00021B/2281